I

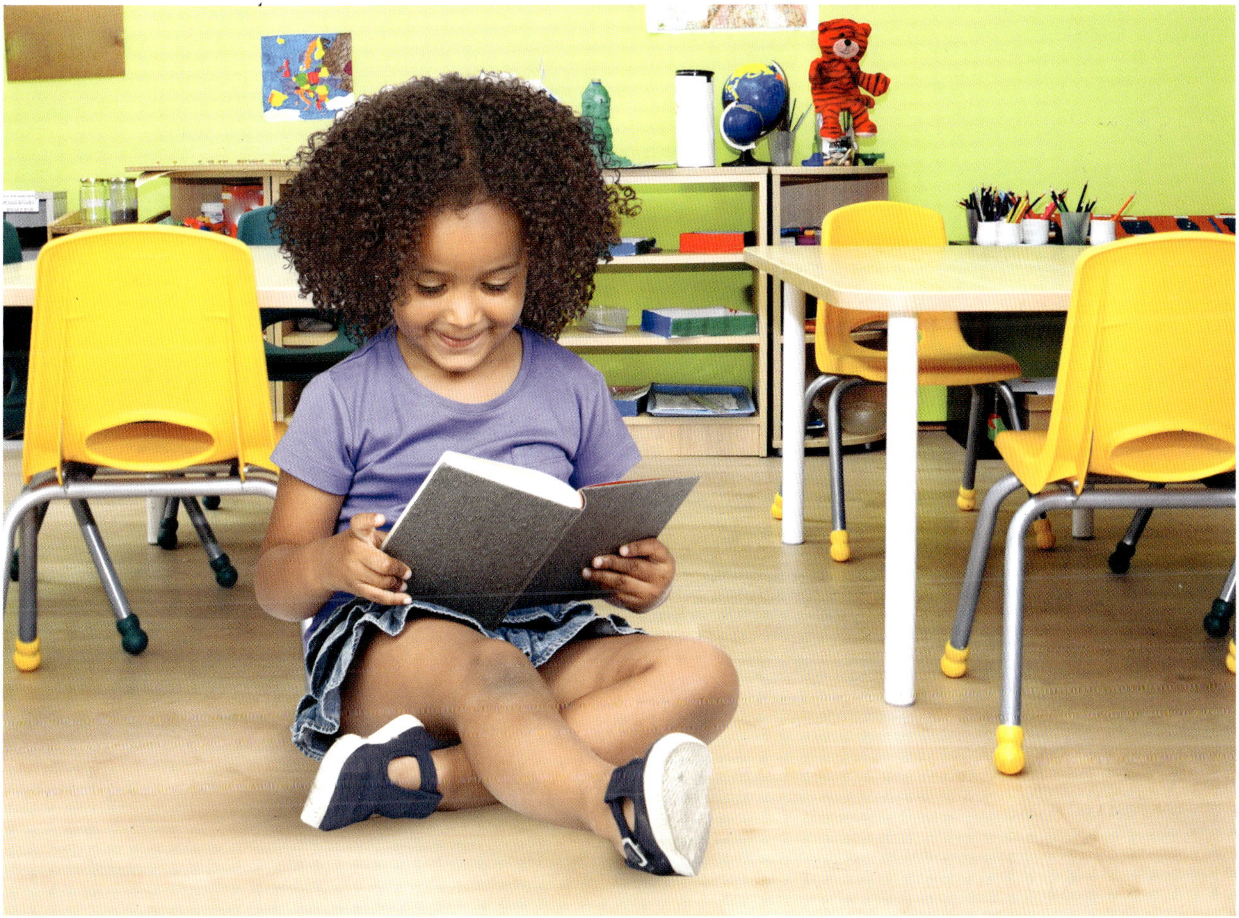

by Tiffany Johnson

I 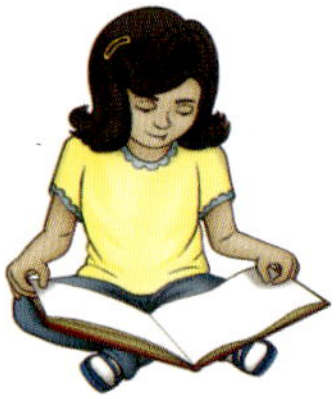 .

read

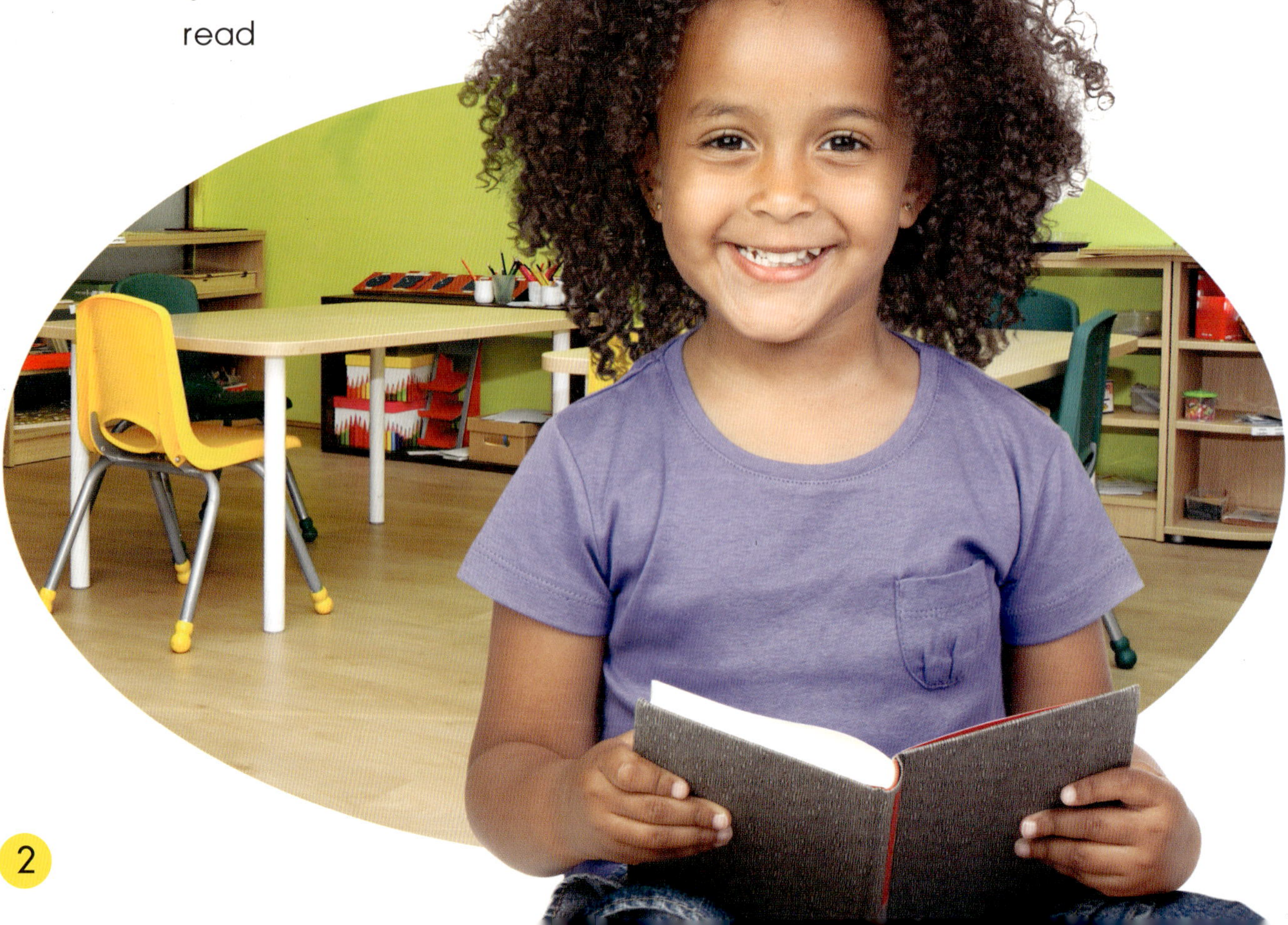

I 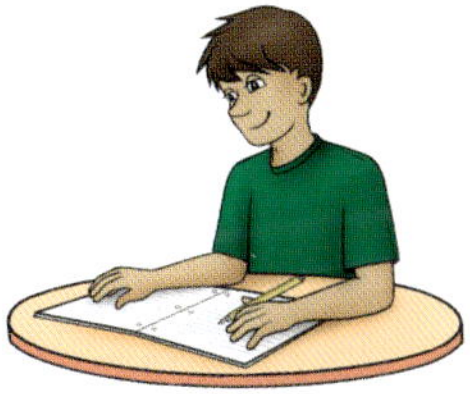 .

write

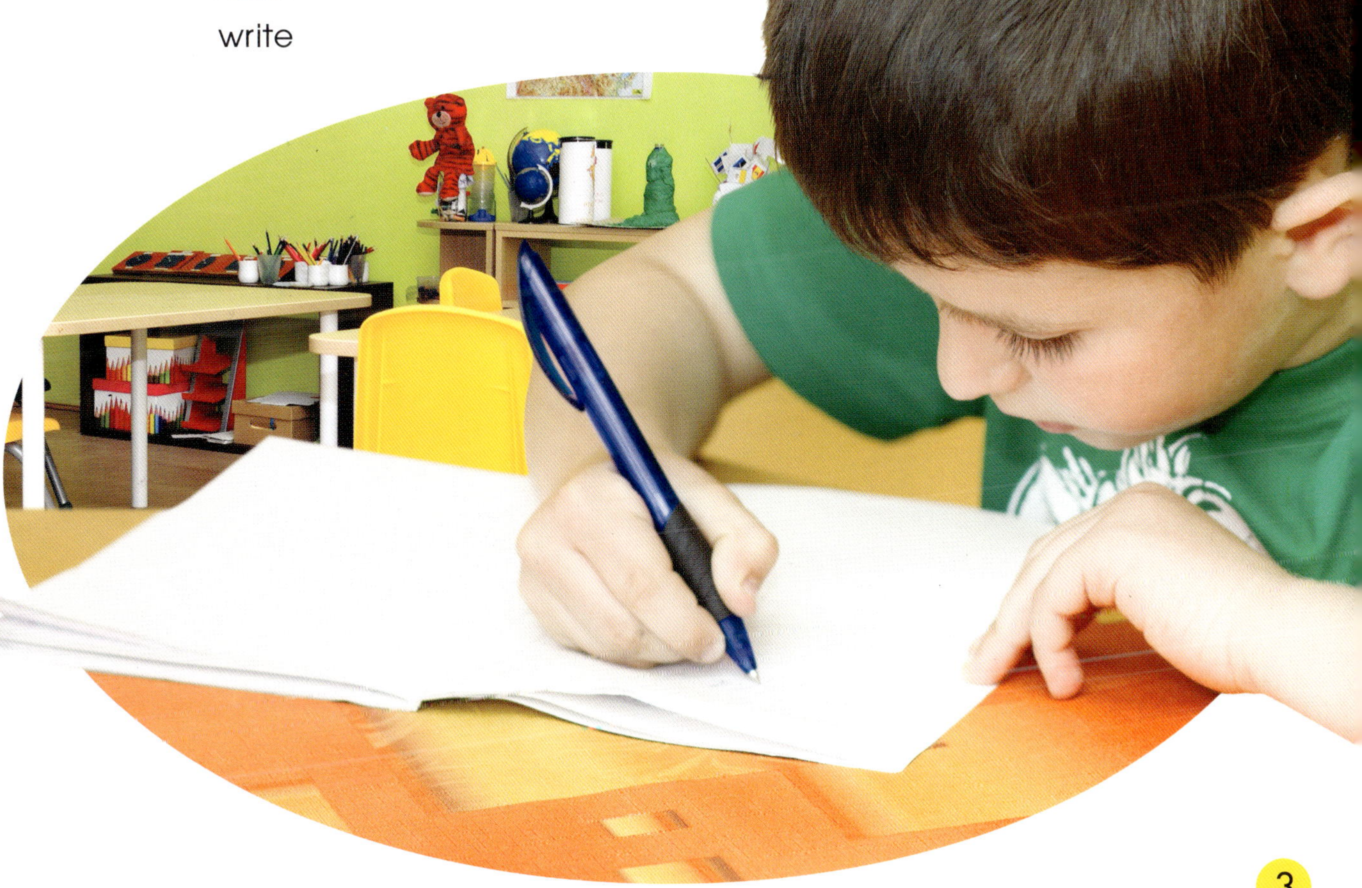

I 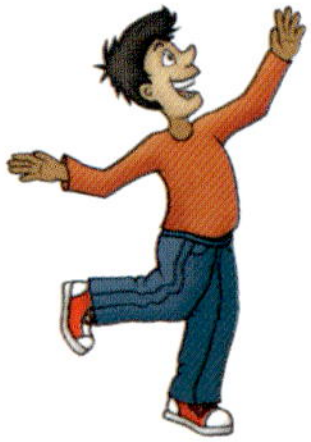 .

hop

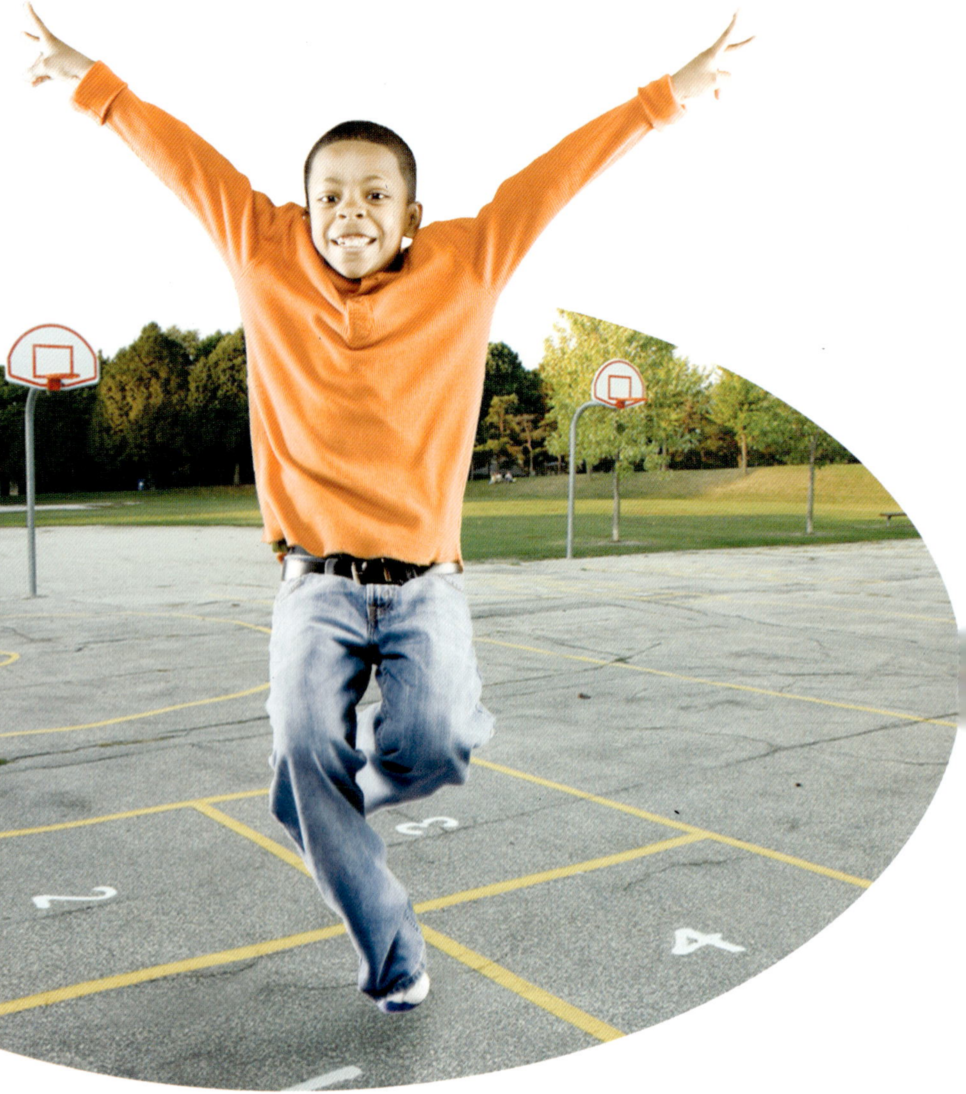

I 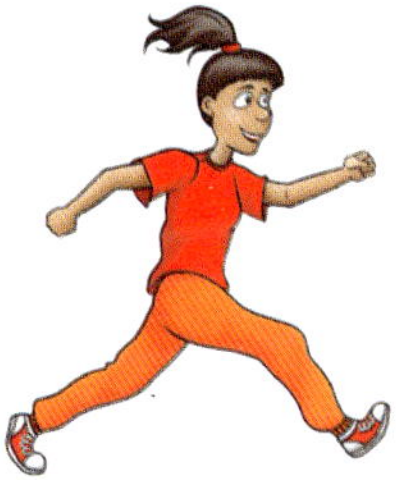 .

run

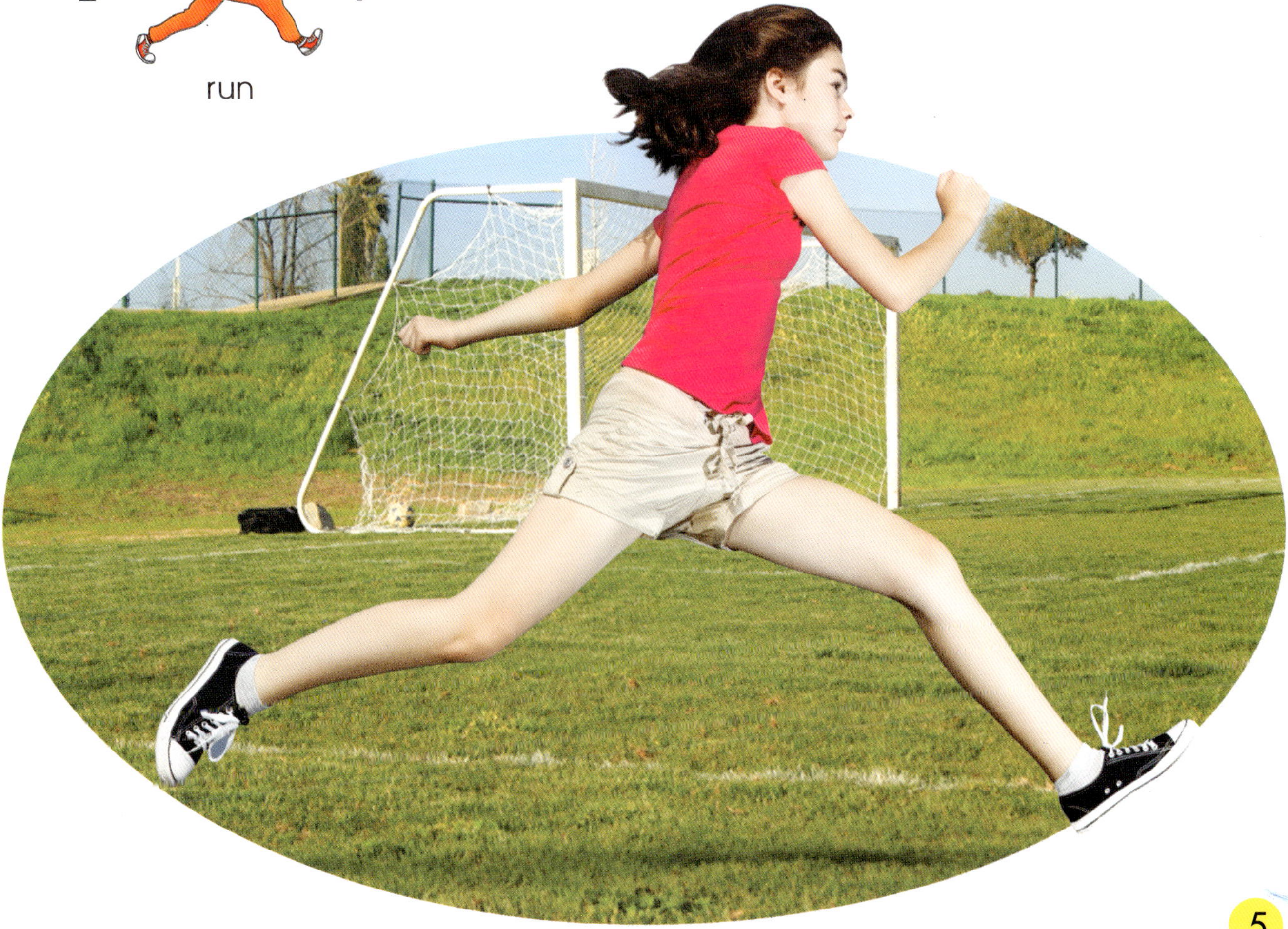

I 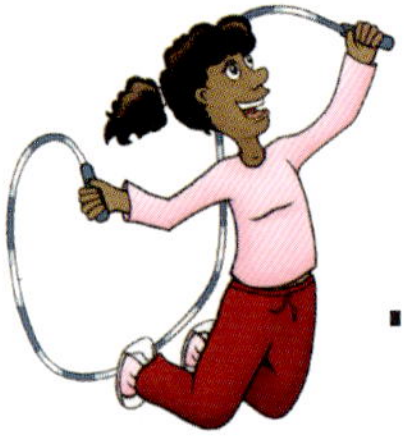 .

jump

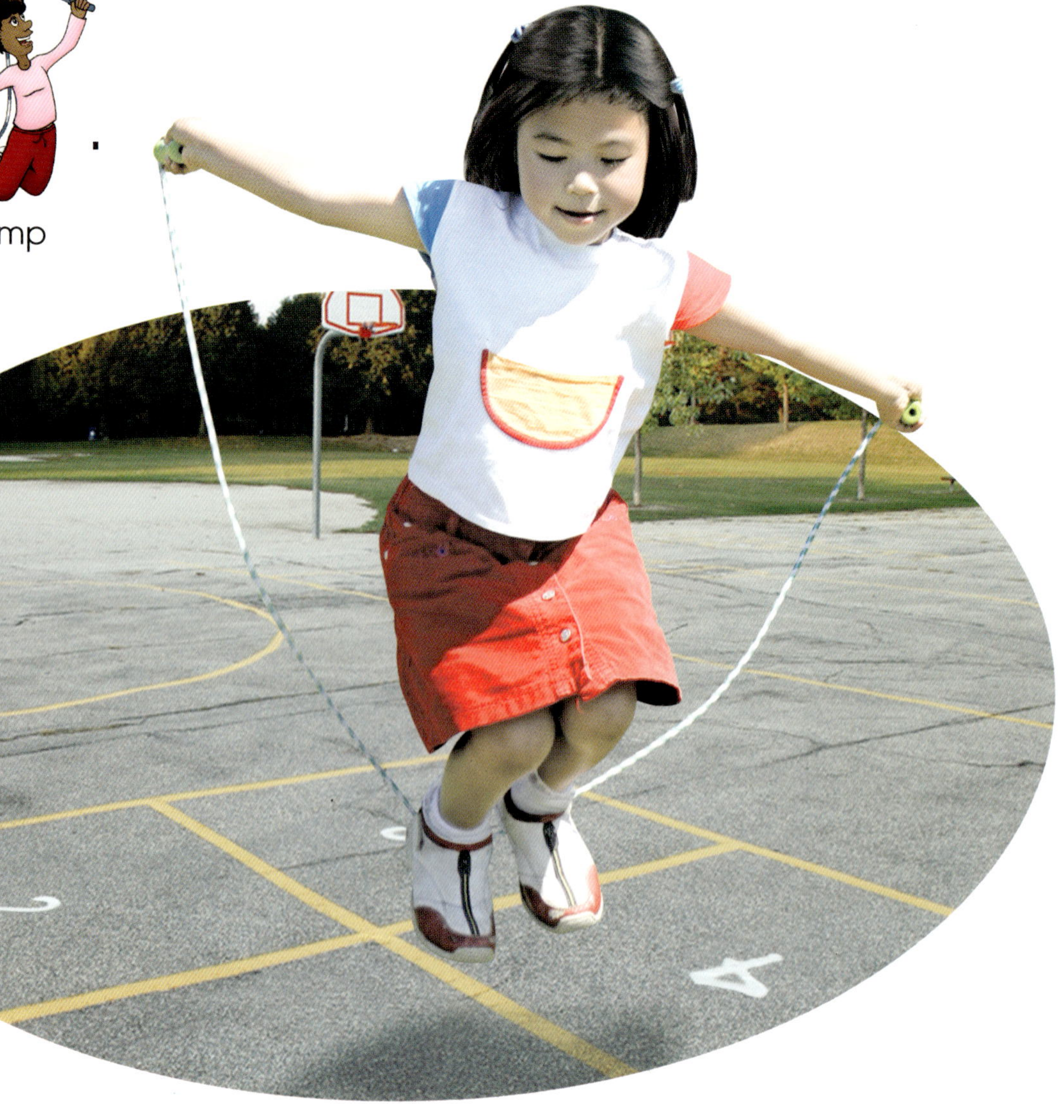

I 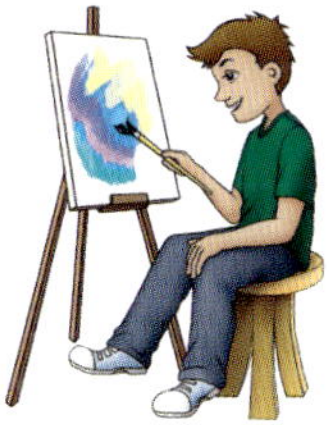 .

paint

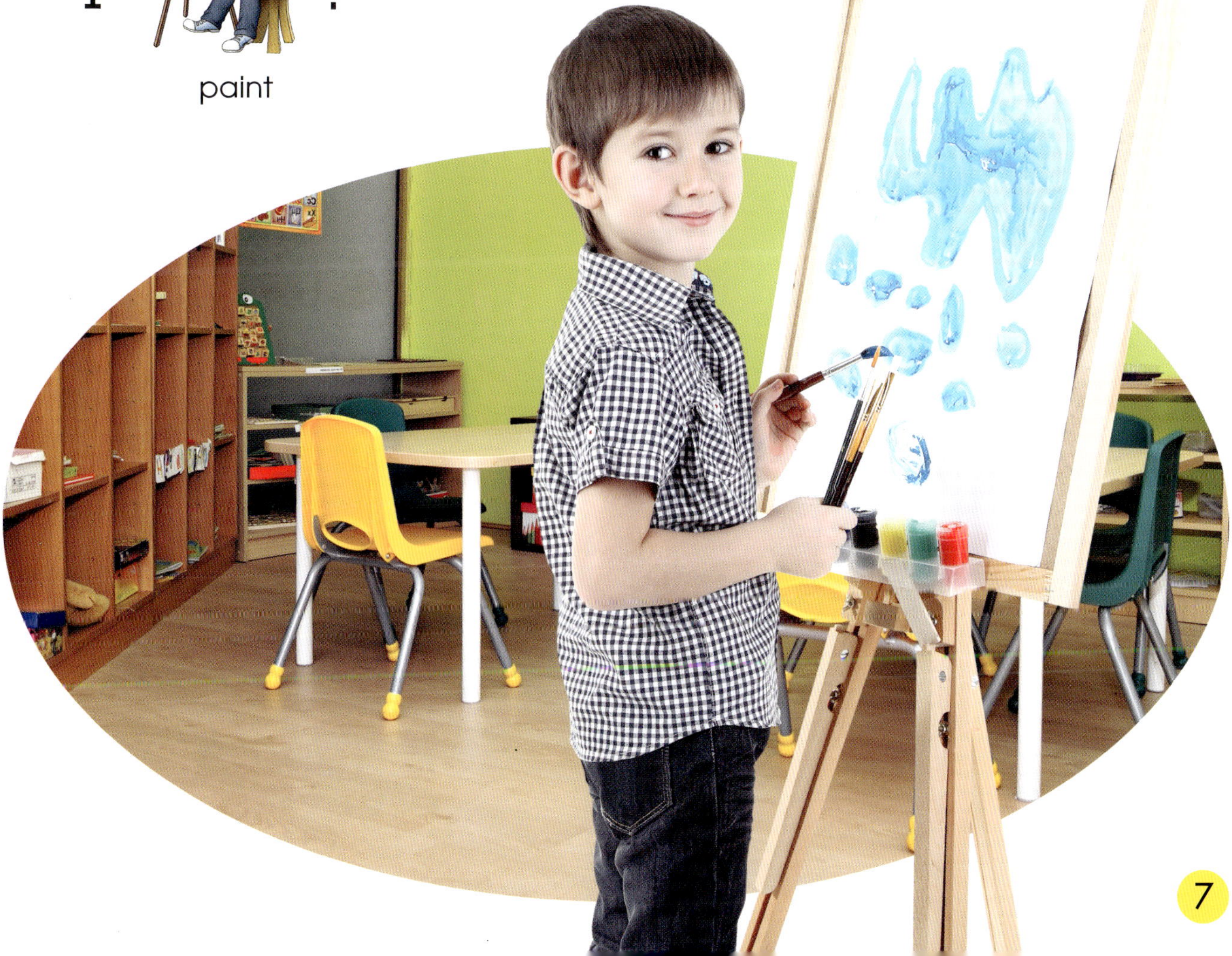

I 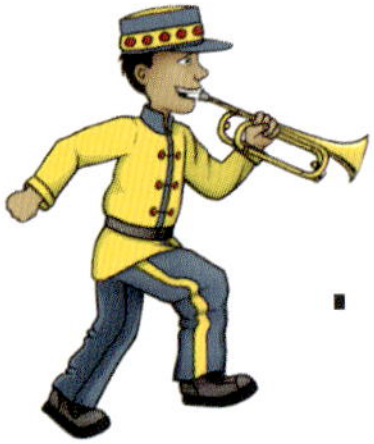 .

march

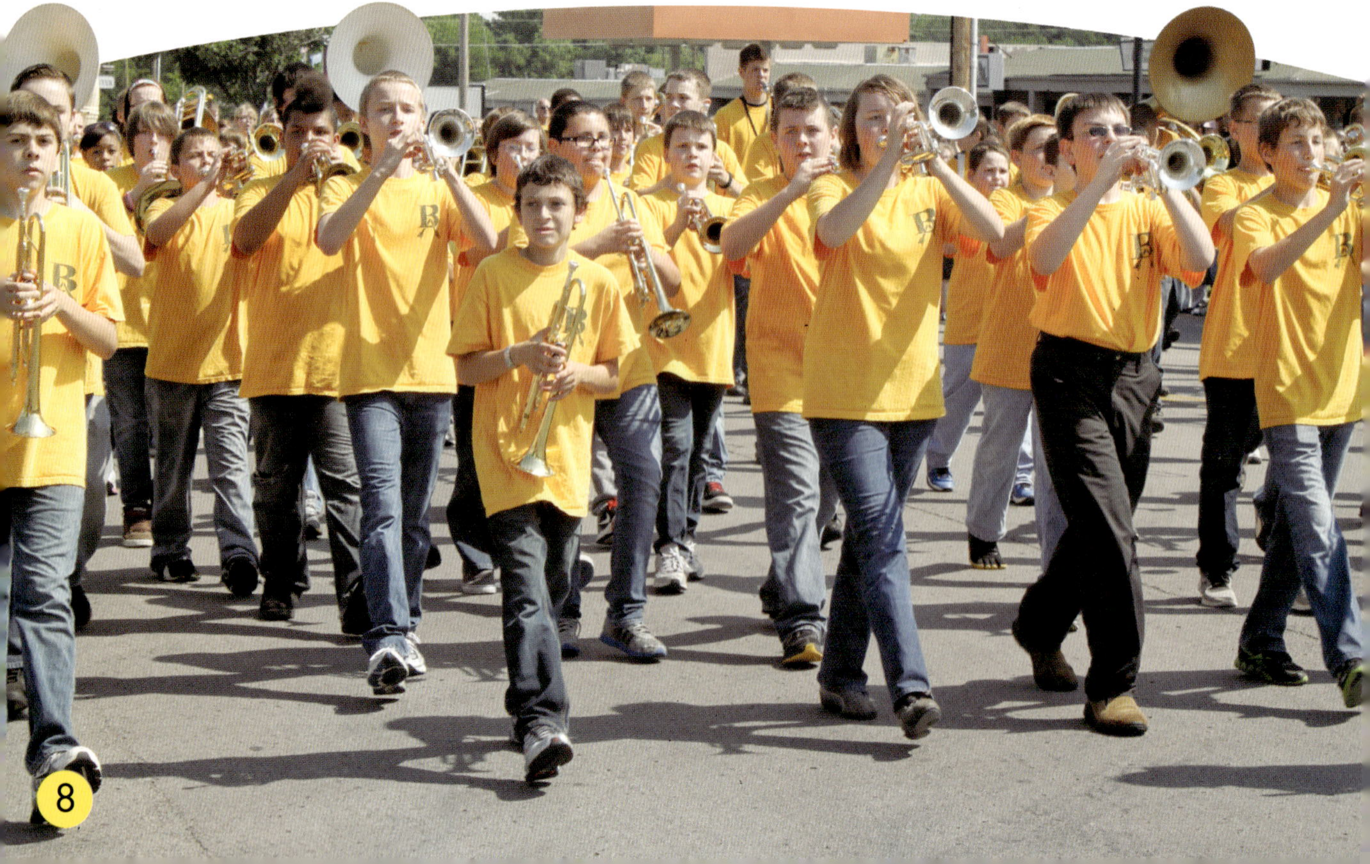